JN438032

그대가 어느새

지성 · 감성의 메타언어
조선문학시인선 · 275

그대가 어느새

김 현 옥 시집

조선문학사

▮ 책머리에

첫 시집 출간 후 어언 10여 년 참으로 더디게 시의 언저리를 배회하고 있었다. 그러나 마음은 늘 자연이나 삶이 던져주는 메시지에서 세상 논리로 정의내리지 못하는 무엇인가를 내 안의 다른 목소리로 드러내려는 그 곳에 시와 함께 있었다.

삶이 바쁘다는 이유 하나로 길어진 공백 기간을 변명해보지만 실은 내가 낼 수 있는 목소리의 한계와 미숙함에 좌절하고 있었는지도 모른다.

무엇을 어떻게 어떤 메시지를 담을 것인가? 고뇌하던 순간순간에서 한 발짝도 앞으로 나가지 못하던 나의 무능을 용서받고 싶을 뿐이다.

30년간의 공직생활에서 2002년 민선 안동시장으로 2006년 재임까지 지난 8년간 시정을 펼치던 남편이 이제 자연인으로 돌아 가려는 퇴임에 즈음하여 용기를 내기로 했다.

“물러날 때를 알고 자리를 비켜주는, 아름다운 퇴진을 준비하고 있는 김휘동 안동시장”, “미덕은 갖추고 태어나는 것이 아니다. 일생 동안 배우고 실천하면서 갖춰지는 것이다. 이것은 예와 윤리

와 도덕이 함께할 때 만들어진다", "위인(爲人)하는 길이 합당하지 않다고 생각할 때는 언제든지 벼슬에 연연하지 않고 물러날 줄 알아야 한다. 이러한 물러남의 용기도 청백리의 길이다."

2010년 6월 12일자 영남일보 기사에서 남편의 행적을 엿볼 수 있는 내용을 조금 가져왔다. 후회도 미련도 훌훌 털어내고 오랫동안 잊고 살았던 자신의 삶으로 풀잎처럼 일어서려는 남편에게 "정말 수고하셨다"며 홀가분하게 기댈 어깨 하나 내어주고 싶다.

그리고 다시 발가벗고 세상과 마주 서야하는 두려움이 없지는 않지만 그동안 틈틈이 써 두었던 졸작으로 시집 『그대가 어느새』를 세상에 내보낸다. 부끄럽지만 따스한 눈빛으로 보듬어 주었으면 하는 바람이다.

출판을 맡아주신 조선문학과 박진환 교수님께 깊이 감사드리며 사랑으로 격려해준 가족과 이제껏 삶을 같이하며 너무나 많은 것을 받고도 고마움을 전하지 못한 모든 이웃에게 이 책을 드린다.

2010년 6월

김 현 옥

김 현 옥 시집

그대가 어느새

차례

제2부
살며 후회하며

제3부
궤도이탈

제4부
길 뒤의 길

시집평설

제1부

너의 눈을 바라보며

가시버시 사랑

꽃길이란 믿음에
달콤한 침묵으로
빗장 지르고 살았네
사랑의 미열로 태우던
모래알 시간들은
열린 미다스의 문안에서
길과 길이 손잡고
길들어지는 삶이라네
홀로서기 하는 자식들은
생살의 아픔으로 떠나가고
빈 껍질로 남겨지는
존재의 상실감은
편두통이 오듯
고비마다 삶에 생채기 졌네
돌아서는 것을 모르고
말뚝 박히는 나날들을
그래도 부끄럽지 않게
버팀목 하는 것은
못 본 척 안 들은 척
넉넉하게 기다리는 마음 가짐 뿐이네

새 생명

보이지 않는
손길에서 생명의 시작이
물속에서부터였음을
어미의 자궁 속 한 점, 점이었을 때의
너를 보며 새삼 깨달았다

우리들 곁에 있으려
어둠에서 밝은 세상 쪽으로
무에서 유의 벽을 뚫어낸
작은 두 주먹을 향해 갈채를 보낸다

입동 지난 고속도로에서
방금 탯줄 자른 새 생명을 향해
가슴속 숨소리는 웃음의 깃털을 날리는데
하얀 눈은 축복을 흩뿌렸다

너는 참으로 용감하다
많고 많은 별들 속에서
부디 더 밝은 빛으로 어둠 몰아내고
흔들리지 않는 자세로
같은 곳을 바라보는 너를 보리라

그대가 어느새

— 퇴임에 붙여

문득 삶의 황혼 끝에서
바라보는 사람이 아름다울 때가 있다
추우면 추운 곳에
더우면 또 더운 곳에
푸른 소나무와 바위를 좋아하는
송심암성(松心岩性)이 좌우명으로
튼튼한 뿌리를 길러내려던
아침 햇살 같은 사람이다
웃을 때 같이 웃어주고
울면 그 눈물 닦아주려던 사람
당신을 넘어가는 숨차던 나날들에
흐르지 못하던 근심도
지금 정신문화의 수도 안동
천년의 꿈으로 익어가고 있다
보이지 않는 따뜻한 손길 같은
당신의 맑은 지혜만이
타인의 행복이라 생각하는
그 깊고 깊은 속을
등 뒤에서 안타까이 지켜보며 애태우던 날들
깊이만큼 짙었던 그림자도
이제 환한 빛으로 띄워 올리며
스스로 물러남의 미덕을 실천하는
뒷모습이 아름답다

숯 · 6

— 대구 지하철 참사

약속시간을 이마로 헤아리며
하품으로 하루를 시작하던
그 곳이 생의 종착역이라니
유서도 유언도 못하고
묻혀버린 무지개 속
단말마로 부르던 이름들이
아침 속보에 떨고 있다
타버린 이름들이 뒤엉켜도
하늘 길 열리지 않는
쇠도 끓는 지하에서
혼나간 영혼들은
밤새 빈 허공 얼마나 헤맸기에
산자의 가슴으로 빗물이 스며든다
숯덩이 뒤져 흩어진 사지
일그러진 손가락 하나라도
찾아야 하는 서러움이
강 같은 시간 호수되어 고이고
핏줄을 부르는 목매인 소리
'동생들 잘 보거래이'

이말 남기고 떠난 엄마
동생 울까봐 지가 무슨 어른이라고
훌훌 털지 못한 슬픔이
무표정에 담겨있는 여섯 살 꼬마
두려움도 타버린 표정을
바라보는 우리가 서럽고 부끄럽다

숲 · 7

— 시든 꽃을 버리며

그대가 눈부신 아름다움으로
세상을 들어 올리고 있어도
아름다움도 유죄라며
내뱉지 못하는 소리 버무리는 가슴 만나 쓸쓸했다

아낌없이 보여주는 그대 따사로움에
싹이 틀 때
꽃 질 것을 예상 못하고
일찍 꺾여버린 허리를 보며
등줄기가 슬퍼 보이는 귀거래사

모두가 지나가는 곁에
무리무리 사계를 서성이며
피도 돌지 않는 몸을 비틀어
휘청거리는 삶의 무게를 말리려는 몸부림

푸른 손끝에 보여질듯 말듯
약간의 남은 생명을 끌어당겨도
기억해 줄 가슴 하나 잡지 못하고
이마로 공기를 밀어 올리며 스스로 여위어 간다

숯 · 9

— 세월

헐어놓은 날들은
하루 한 달 일년이
새어나가는 헌 지폐같이 헤프다

새 길을 내던 자리에서
맞이하는 또 한해의 끝자락은
가버린 시간이나 돌아오는 시간이
아직도 오리무중의 짙은 어둠 속

가늠할 수 없는 시간 속에
머물러 있는 아득한 젊음아
무모했던 용기에 반성의 깃대를 세워라

삶의 길목마다 부풀린 염원이
비릿한 결핍의 여운으로
그림자 지는 막장의 달력 앞에서

숲 · 10

— 소문

거세게 타오르나
에로스의 불꽃은
금방 사그라질 검은 재다
비상하는 입술마다
푸른 독기가 물리고
삼킬 듯한 목마름으로
검붉은 혀가 귀와 귀 사이를
들락대는 사이
부풀려진 사연은 날개를 달고
굽은 소문은 알록달록
인간의 말초 신경을 위하여
흑인지 백인지 모르는
갈등을 부추기며
광풍 속으로 휘말려간다
세상에서 가장 작은 소리로
자기를 불사르는 에로스
그대 몸은 타고 있다
외발로 기어도 타오르는 불이여

숯 · 11

엘리베이터에서
얼굴 마주친 아주머니
'마이 덥지 예?'
끈적끈적 굵은 소리가
귀청으로 달라붙었다

장작 타는 소리 꺼지고
타버린 재속에서
갈갈이 찢긴 들녘바람 일어서고

돌아오지 않을 날들에서
잰걸음으로 다가오는,
끊어버릴 수 없는 나의 뿌리털

어디에 버려두고 이렇게 멀리 와 섰을까?

어머님 마음이 우주

여든 여섯 고갯마루
가볍게 짚고 서서 웃고 있다

출근하는 아들 뒷모습에 합장하는
물 마른 손길에 은밀하게 갇혀 있다
원색으로 떨어지는 어머님의 우주

살아온 날보다 짧아진 나날들에
더 강한 염원이 실려
108 염주에 붙어 돌고 있다

지치지도 못하는 염원의 찌꺼기들
영혼의 미열에 표백되어
이 저녁 유성으로 뜨나 사금파리다

지친 몸을 쉬려는 철 이른 빗소리
굽은 소문 따라 바람벽으로 서 계시는
어머님의 우주를 적셨다

어머니

열여덟 꽃봉오리
가마타고 시집오던 날
동구 밖 산기슭에 아카시아
눈꽃처럼 피어났다
겨우 서른 여섯 활짝 피지도 못하고
홀로 되신 어머니
굳이 젖은 가슴 내보이지 않아도
어머니 삶은 흐느껴 우는 강이었다
당신 목숨 하나 쉽게 버리고 싶어도
하얀 아카시아 꽃잎 같이 살 속 가시로 박히는
고만고만한 다섯 아이 때문에
밤마다 베갯잇에 속울음 적시던 어머니
구순도 훌쩍 넘은 고개턱에서
보이지 않는 먼눈으로 물끄러미 막내딸을 돌아보며
'누구요?'
그날은 비늘처럼 일어서는 슬픔을
가슴에 담았지만
이제 무심으로 돌아앉은 어머니의 빈자리엔
쓸쓸한 등 뒤에서 부는 바람만 들락거렸다

오직 한 사람

"오빠가 없으니까
스트레스가 쌓여요"
일상의 아침을 걸어가며
들려오는 새 애기의
저 홀로 우는 마음이
가을바람에 위태롭게 출렁거렸다
외국 출장 떠난 신랑 생각하는
하나뿐인 기다림이
땅속의 아침을 길어 올리고 있다
"그렇게 서로 기다리는 마음으로 살아다오"
수화기를 내리며 바라보는 아침 햇살이
오직 가슴에 묻고 갈 한사람으로
서로의 구겨진 삶을 펴줄
너희 사랑처럼 따사롭다

이육사

수인 번호 264
우리들 가슴으로
한발 성큼 반세기를 넘어
우주로 굳어지는 번호다
제겨 디딜 곳 없이
애국으로 타는 당신의 그 하늘은
아직도 잠들지 못하는 새벽별이다
가야할 길이 보이지 않고
되돌아 갈 길도 없었던
어둡고 추웠던 시간
그림자도 내딛을 수 없던
그 길만이 길이었기에
접어버린 욕망 대신
목숨을 담보로 한 아픔의 흔적들
청포도 송이마다 시심으로 담아
님의 피멍은 혼불은
매운 계절의 매화향
절정의 역광으로
1000년으로 흐르는 낙동강에
회오리 치고 있다

장미 원장님

둥근 얼굴을
익숙하게 물결치는
웨이브 진 머릿결이
장미를 닮아 있어
장미인가? 착각 했어요

수줍은 듯 타는
도톰한 입술에서
진한 속 감추지 못하고
세상의 질서를 탓하는 말이
포르테로 쏟아지기에

등 떠밀어도
떠나지 못하던
미련의 응어리가
장미향으로 터져
오월의 담장을 넘나 했는데

오랜 세월 파마 약에
실핏줄도 설움 타는

그대 지친 손끝으로
짜깁기한 시간 시설에 봉사 가데요

죽음보다 먼 자식들
해풍 소리에 들먹이는
'우리 집' 할머니들
그 말없는 세월을 다독여

싹둑싹둑 자른 미움을
곱슬곱슬 사랑으로 볶아
장미향으로 버무리는데
그것이 종일 가슴을 데워주데요

친구

환한 미소 뒤에 가려져
볼 수 없었던
찌든 세월의 그림자
옅은 구름처럼 빠르게 지나가는
너의 얼굴을 바라보며
궁금증에 빗장을 지르는데
너의 눈으로 읽고 가는
나는 또 어떠한 모습인지?
반짝이는 사금파리로
돌 소반에 소금쟁이 밥 해놓고
풀잎반찬 차려내는 동안에도
빨갛게 홍시가 익고 있던
희미한 기억 속
무릉도원을 떨쳐버리면
귀밑머리 서리 앉은 가시나들
말라가는 풀잎처럼
서러워야 할 목내이(木乃伊)로
어둠이 깔리는 카페 창가에서
마주앉아 있어도 닫힌 문틈으로
사라지는 빛처럼 아쉽던 친구야

한 모금 쓰디쓴 담배 연기가
포물선을 그리는 허기진 공간
두 입술에서 끊임없이 날름거리는
메피스토펠레스를 견제하자
파우스트의 악마여
번쩍이는 욕망으로 가득 찬 시대
흥분한 도시가 돌려주는 외로움을
이 짧은 시간에 다 얘기 할 수 있겠니?

탄생

'한 점 먼지 같아요'
또 하나의 완성으로 이어지는
뱃속의 이변을 네 어미는
한 점 먼지라고 했다

어제까지 짙게 드리웠던
불안의 요인이
너의 부재였음을 비로소 깨달았다

무에서 유를 기다리는 가슴 졸이는 피 끌림
아침햇살이듯 너는 한발 가까이 다가와 있었다

새들의 타는 울음은
아름다운 음정으로 하늘에 길을 내고
기약 없이 정박 중이던 우울은
반짝이는 너의 그림자로 사라졌다
또 다른 인연을 합성하는
나의 DNA
뇌 속의 모든 박동이
'응애' 소리에 집결하고 있다

장계향

산에 가면 산 높이
물에 가면 그 물 깊이
여인으로 살아야 하던 가슴에
강물이 흘러내린다
지아비와 자식을 들어 세우며
솔솔 내리는 빗소리도
가볍게 거머쥐고
역사 앞에서 역사 안으로
400년 시차를 그이는
당당하게 넘어오고 있다
고통을 순화시키며
관계와 관계에 무게 중심을 두고
그이 살면서 부대낀 흔적들은
긴 세월에도 녹슬지 않고
서슬 푸르게 눈부시다
'밥 안에 하늘이 있고
하늘 아래 사람이 산다'
시공간을 넘어오는 그이 편지는
빈곤한 가슴들에 신열로 끓어올라
허물어질 수 없는 뿌리를 내리고 있다

바그너

— 탄호이저 서곡

하얀 지휘봉 하나
별이 되어 반짝이는 곁으로
바다 소리 지나가고
사람들의 숨은 멈춰 있다
이르고자 하는 문턱에 서성대는
라르고 아다지오 안단테
순례자의 합창은 호른 비올라
트레몰로 포물선을 그리며
오선지의 시간을 밟는 음악의 바다는
나신으로 헤엄치는
우리들 영혼에 포말을 품어냈다
알몸으로 뒤척이며
파도를 가르는 베누스의 유혹
화려한 윤무가 넘실거리는
광연의 무대에는 오래도록
비릿한 바다 냄새가 났다
엘리자베스가 희생되고서야
고통스럽게 늘어진 곡조에
초여름 밤의 꿈은
눈물자국으로 번지는데

탄호이저의 죽음과
그의 영혼의 구제를 위해
비바체 알레그로
또 한 번 몰아치는 광풍
은비늘 반짝이는 손끝 마다
기쁨을 띤 공기들이 부들부들 떨렸다

모자 세대

— 외기러기

오랜 장마 뒤
단 하루치만이라도
젖은 속가슴 말려보겠다고
안동 외기러기 30여 마리 삼천포로 날아갔다

버스 안에는
'누가 나와 함께 따뜻한 동행이 될까……'
아름다운 선율이
잊혀진 우울을 되돌리며 흐르는데
세상의 반쪽을 잃은 등허리타고
아직도 내려놓지 못한 서러움이 흘러내렸다

등기대고 살던 이유에서
벗어나는 사별 혹은 생이별
서로가 긋고 간 상처에서
긴 시간 열등감은 세포분열하고 있다

사랑의 흔적이 버팀목이 못되는
그 아이 새끼들 때문에
산 시간보다 더 먼 살아야할 시간들이

가난으로 흔들리는데

서러움의 벼랑
짜디짠 남도의 바닷물에
사는 게 아픔이라 고집하던
메마른 표정을 애써 흘려보내고
헤픈 웃음으로 슬픔을 기웠다

언니를 보내며

간암이라 선고 받고 겨우 보름이 지났는데
언니 얼굴이 샛노란 은행잎이다

이제는 노란 얼굴마저
사라지고 없는 사람들의 동네
봄비 소리가 창틀에서 떨고 있다

슬픈 촉각의 깃대를 세우려는 가슴
애써 돌아나오려니
머릿속의 형아 얼굴 자꾸 웃고 있다

보듬고 다독여주던 지난 사연들이
깊은 눈빛으로 돌아와
닫히지 못하는 나의 창문에서 울고 있다

기억의 저편으로 돌려세우려는 사람인데
아직도 빗길에 쓸려갈까 버티고 있음인가?

무심한 촛불에 영정홀로 흔들리니
산자가 죽은 사람 들어내는 일이 사는 것보다 힘들다

장애

상한 것은 먹지 마라
몸 상하지 말아라
귀에 못 박히던 말씀에도
어쩌다 직립 아닌
측립 보행으로
뭇 시선에 포획당하며
횡단보도를 건너는 사람
푸른 신호등은 깜박거리는데
뒷다리를 끌고 가야하는
'내 아픔을 네가 아니?'
확률 낮은 제물 됨의 억울함에
달달 타버린 표정 없는
표정을 받아들고
절망 속에 갇힌 그를
끄집어내지 못하여도
생각보다 빠르게
그의 속심은 전이 되고 있었다

중환자실에서

당뇨 합병이 와버렸다는 미숙아 아저씨
몸 안에서 부는 바람이
어눌한 말씨와 뒤틀리는 몸에 회오리치고
노모 향한 어리광에 시간만 젖고 있다

너무 맑아 하늘도 잠수 못할 호수 같은 두 눈에
잘생긴 콧날이 더 큰 슬픔으로 물결치고
무표정의 팔순 어머니
체념해버린 아픔을 물수건에 닦아내고 있다

약간 남은 정마저 끊으려는 듯
주먹으로 할머니 한대 내지르고
영원한 평온을 찾아간 할아버지 서슬 푸른 곡소리에
숨죽이는 병실 고요에 공허는 왜 또 따라 굴러다니는지?

경부 골절로 인공뼈 갈아 끼시고
아프다고 소리치던 어머님
당신의 그 작은 고통은
존재의 들고남이
바람 같은 중환자실에
무심으로 녹일 수 있는 가벼움이었지요

중국 교포

날카롭게 날 세우나
그들의 내일은 안개 속이다

한치 앞을 모르는
나날이 오리무중
위태로움 속 불안 홀로 자라
굽은 등이 더 휘어지고 있다

쌓이고 쌓이는
죽은 날들의 항변
쏟아 버릴 곳 없어
허전한 보따리 하나씩 품고
젖은 소리로 사는 이중 국적 성

깊이 묻어둔 속울음에도
가슴에 심지 박히는 먼 식구들
인연의 실타래 뜯어내는 그들 꿈속엔
여전히 일확천금만 존재하고 있다

우연

— 세상 떠난 언니 글

기다리던 비가 황금물결 넘실거리는
들녘에 내렸다
쪽빛 하늘의 흰 구름을
바람이 반기는 듯 나뭇잎이 사붓거렸다

안동에 와서야
동생에게 폰을 보냈으나 무응답이다
천등산에 오르며 바라보니
오랜 가뭄으로 고운 물들지 못해
몸살을 앓는 숲이 안타깝다

정상에서 핸드폰이 울린다
"언니 나 좀 많이 바빠서……"
"그래 여기 천등산 정상이야……"
"나 지금 봉정사 행사 가고 있는데 어쩌면 만날 수 있겠네"

산 위에서 오찬 후 하산
봉정사에 당도하니
수많은 부인들 틈에 동생 얼굴이 보였다
우연이다

가을 탓인가? 윤기 돌던 얼굴이
까칠하고 입술은 부르터 있었다
가만가만 둔한 통증이 가슴을 스쳐간다

"언니 등산도 다니고 좋겠다."
부러움인가?
시민의 머슴인 제부 때문에 바쁘기도 하겠지만
사람들의 시달림도 많았으려니
사람들이 눈치 채지 못하게 얼른 헤어졌지만
약속하지 않고도 그렇게 만나지다니
오늘 같은 우연이면 더 많아도 좋겠다

하느님 · 1

우리들 머릿속
위태롭게 비워지는 부분까지 헤아리시며
지금 무슨 생각하시는지요?

계절보다 먼저 누워버린
바랜 풀잎 하나 바람에 부풀리고
서녘 하늘 충혈 된 시선이 들어 올려 보이던
말씀은 또 무엇을 의미함인지요?

쏟아지는 별 부스러기가
이제껏 좇아오던 무지개는 아니지만

조간 신문 까만 벌레들이
내일이란 단어를 좀 먹어도
사라지려던 희망이 작은 눈을 깜박이면

다 잃어도 살아야 하는 날들에
덩어리로 치밀어 오르는 내 감정의 은하수
그 어둠 속의 반짝임에
당신의 모습은 감춰지고 있는지요?

하느님 · 2

얼어 있던 밤들을
까맣게 잊게 하시며

잎 새 사이마다
묻어나는 당신의 말씀
겨울 상처를 아우르며
붉은 장미는 계절의 문을 열고 있다

늘 굽은 길 돌아
부신 색깔로 오시는 하느님
당신은 시시비비를 키질하시는
그런 모습이 아니라

가뭄 끝의
단비로 이미 왔었거나
생명을 담보로
이웃을 구하고 가신 이의
구김 없는 미소 그것이 아닌지요?

너의 눈을 바라보며

'신기독(愼其獨)
홀로 있을 때를 조심하라'

늘 예쁘게 포장되는 영혼의 집
미세한 눈빛 하나가 출구다

살 나이가 짧은 만큼
눈가의 잔주름은 깊어지고
꿈틀거리는 눈동자로
탐색되는 너는 오래 눈에 익은
익숙함에 실상을 묻어두려 한다

'홀로 있을 때를 조심하라,
그때가 진실인 것을'

살며 부대낀 흔적을 감싸는
당신의 두 눈은 때로
죽을 만큼 외로움에 지쳐 있어도
이매처럼 웃고 있다

제2부

살며 후회하며

별

오고 감을

스스로 알아서

잡힐 듯 멀어지는

별 별 이야기

일편단심 담으려는 마음은

늘 현재 진행인데

허전한 등짝에서 타는

하늘 별 따기

가슴에 묻어버린 눈부심이네

머물다 간 자리

시간은 늘 지난 길을
지우고 떠나지만
안동이란 동네에 이황이 없었다면 어찌 됐을까?

우리가 가진 가장 값진 삶의 헤아림이
예의와 도리라며 가는 길 일러 놓음을
그이는 결코 잊지 않았다

성애와 육사로 이어지는
지켜야하는 것들을 지켜온 아름다운 발자취
뿌리의 향은 비늘처럼 일어서서 반짝이고
학의 군무는 멋진 나래를 펼치고 있다

산자락 물길 따라 눈길 푸른 풀포기와
높고 먼 새들의 하늘 아래
그렇게 순수한 사람들로 인해
이 땅의 모든 것을 사랑하고 있다는 최면에 걸려 있다

세상과 부딪치면서
더 빛나는 그이 이황이 있었기에
서로의 뿌리를 확인하며 구겨진 삶을 반듯하게 세우고
하루하루를 푸르게 열고 있다

시간은 순간의 무덤

시간은 시작이나
종착역 없이 종점으로 치달아나는
순간과 순간으로 연결된 수레바퀴다

습기 찬 기억이나
오색의 꿈이 일렁이던 길을 지우고
허물었던 흔적 위에 겹겹이
다시 새로운 흔적을 쌓는 이중성

어제의 푸름을
거침없이 핏물 속으로 보내는
빈 가슴일 뿐이지만
굽어 있는 앞쪽을 결코
바라보게 하지 않는 직립보행

어지러운 역사의 자국마다
생각의 피를 말리고 있다

고독

당신은 가끔
맨살로 맨땅을
헤딩하는 아픔으로 찾아와
삶과 죽음의 경계를
위험하게 섭렵했다

마치 바닥없는 우물에서
하늘이 조각나는 세상 고통을 지니고
홀로 살아 꿈틀대는 햄릿처럼

가라앉은 영혼만
들락거리는 창밖에
끝없는 화두로 거머쥐고 있는 세계
시간은 가만히 숨죽이고 있다

어둠과 추위로
그물망 쳐진
휘청거리는 이 터널
누구 라이트라도 좀 켜 주시오

불안

이미 지나간 것들이
위태롭게 복원되어
기억에 등 기댄 결핍 속으로
밀려들지만 않았다면
이 시간 내 감성의 밭이랑을 갈고
검버섯 피고 엉겅퀴 일어서는
불모지로 재생되진 않았을 것입니다

보고 들은 만큼
쌓이는 것이 업이라지만
삶의 틈새마다
아는 만큼 쌓이는 가득함으로
키를 넘는 무인도의 숲 속에서
엉켜 붙는 가시덤불을
뜯고 있는 착시감이며
파고치는 검푸른 바다에서
홀로 듣는 시끄러운 바람 소리에
방향 잃은 나룻배로
휘몰아치는 두려움은 몰랐을 것입니다

살며 후회하며

마구잡이로
별을 사냥하다 보면
잃어지는 것이 순수였다

불을 찾아 날아드는
부나비의 본능으로
길 아닌 길에서 길을 찾던 헛된 희망

병든 기도는
꿈을 꿈으로 익사시키는데
익숙해 있을 뿐
스스로 늘 교묘하게 숨어 있었다

후회되는 시간을 뒤척이다
가슴의 통증만 가득 찬 빈 걸망을
허욕이 곡하고 있다

삶은 뛰어넘을 수 없는 벽
그로부터 자유로울 수 없다는
한 생각이 불쑥 일어나
일파만파 생초목에 불을 지폈다

그믐달

죽기보다
대낮을 싫어하는
야행성
하늘 지킴이를
이빨도 없는
할머니가 한입 베어 먹고
나뭇가지에 걸어두었다

아들을 연수 보내며

긴 장마로 살아나는 것은 가슴속 우수였다
사람 살아가는 길목마다
이별은 그림자처럼 따라 다니며
물보다 진한 것은 피라는 사실을 일깨워주었다
등짝만 쳐다봐도 따뜻해지는 아들 내외와
아직 '할마' 소리도 어눌한 준이를
영종도 공항에서 영국으로 보내며
짧은 이별연습에 내가 무너지고 있었다
사람 사는 삶의 길에
더 빛나는 길은 언제 끝나는 길인가?
미지의 여정에 첫발을 내디디며
너희의 흔들림은 승화되고 있다
한통화의 부름이면 내쳐오던 지척이
모질게 돌아서고 있음을
돌아오는 차창에서 온몸을 부대끼며
흐느끼는 여우비를 보고 알았다
이마로 글을 쓰며 지우려는 우수는
터진 둑이라 착각하는지
마음속에 느끼는 비만으로도
눈가에 홍수가 범람했었다

세 잎 개발나물

황금빛으로 타는 가을
강원도 어느 계곡에서
기생해야 사는 귀 조개삿갓과
신종 신안새우난초와 더불어
세 잎 개발나물이란 색다른 이름 몇 개가
세상 밖으로 나와 지면을 빛내고 있었다

아직도 무명으로
고집스럽게 잔뿌리 털며 기다리고 있을
이름 없는 자생생물에 비하면
비록 500만년에 얻은 이름이나 너희 탄생은 찬란하다

미지의 아득한 어둠에서
지구의 어느 모롱이 눈 닿지 않는 곳에 깊이 숨어
이름 갖지 못한 너희는 또 누구냐?

아직도 역사 밖에서 미 기록의 수많은 존재들이
얇은 살갗 발발 떨며
누군가 자기 이름 하나 불러주기를
하염없이 기다리고 있으리라

잘려진 회화나무

강가에 몸 푸는
안개도 잡아주고
까치 소리에 귀 적시며
바람과 마주하던 당신
신의 자리로 보듬던 자리에서
잘라진 몸 줄기에
피도 말라버린 그 밤에야
새삼스레 불러보는 당신 이름
긴 밤을 함께하던 바람
걸칠 가지 없어져
빈 몸으로 울고 갔으리
나무 이름 하나야
쉬어가는 시간에도 묻혀지겠지만
살아있어 전설로 굳던 사연들은
양지바른 언덕에 묻힐까
흐르는 물에 실려 갈까
나무 사라진 그 자리에
어느 님이 꽂아놓은 흰 국화송이만
밤바람에 야위고 있다

놋다리밟기

어화유미 둥둥 데 미
더 달 봤나 난도 봤다
둥 데 미에 포위당하는 왕을
놋다리에서 본적 있나요?

이 터이야 누 터 인공
나라임의 옥 터 일세
실실이 원을 감고 원을 풀며
풍요와 생산을 향해
잠들지 못하는 일편단심

정겨운 이야기를
따라다니는
나무다리 징검다리 또 돌다리
옛 다리로 오고 간 것은
사람과 물건뿐이었지만

귀 어데서 소이 왔노
경상도로 소이 왔네
먼 노랫가락 버들잎을 타고와

아낙네들 등다리를 건너는 노국공주

집 실로 감고
당실대로 풀어내면
감긴 세월에서 세상 밖으로
어둠을 털어내는 문화유산
놋다리밟기는 허공에서도 반짝이는 꽃이다

그 겨울 끝자락의 자투리 눈

고속도로 차창으로 겨울의 끝자락이 나풀댔다
'꽃 오기 전 떠나야지'
바람이 지나가는 길 쪽으로 억새울음이 흔들렸다
헛개나무에 걸려 있는 하얀 고무신 한 켤레가
무슨 생각으로 삭막한 마음을 얹고
시야를 따라 온다
쫓아오는 햇살이야 어쩌랴
입춘 때 허름해진 옷깃 여미며
자작나무 그늘에 웅크린 눈이나
산 그림자에 가려
미처 바람이 쓸어가지 못한 잔설이
비록 눈물은 질금거리나
소란스런 세상 포기하지 않고
비늘처럼 일어서 따뜻한 시로 살아나니
그래도 얼마나 다행하냐?
반짝거리는 초록물기를 온 몸으로 품어내는
등 따가운 오후의 산에서
산새 울음 소리가 겨울의 기억을 밀어내고 있다

3월에 내리는 함박눈

물이 되기 위해
눈은 잠시 꽃이 되려는 것이다

하얀 꽃물 따라 생각이 몸 안으로 잠수했다

봄 등허리에 드러누워 봄빛마저 감추고
지조를 고수하며 만개한 설화가
100년 만에 만나지는 3월의 손님이다

지고지순 순수함이 무기이나
젖은 정신 안으로 꼭꼭 여며두고
민감하게 어둔 지상을 공격하고 있다

가로수 먼저 한 팔을 잃고
오던 길에서 벗어난 땅은
흙냄새 버무린 백기를 꽂은 채
물길내고 흐느끼나
수 십 년 사람이 허물지 못하던 민통선
나라 통일이 설국으로 이루어지고 있다

거름 위의 꽃

누가 말했지?
"김 시장 희생하러 고향에 온 것 아니냐"고

겹 울타리를 쳐도
차가운 냉소가 익는 동네에
정신문화의 꽃을 피우려
당신은 잠시 거름이 되려는 것이다

생각마다 곁가지 치는
인내의 시간마다
'흔들려선 안돼'
축축하게 젖은 정신을 일깨워도
살얼음판이던 하루 또 하루

썩지도 못하는 시름이
긴 밤을 지날 때면
잠든 이마에 드리워지는 구름사이로
간간이 위태롭게 삭던 숨소리

한 예순 밤쯤 삭으면

거름 위에도 꽃이 활짝 피어날까?
느리게 가는 초침에도 끈질기게 다가서는 불면
다가간 만큼 더 멀어지는 미지수

뿌리로 빛나야 할
먼 훗날의 이름표를
힘겹게 밀어 올리려는 미소 속에
헤픈 계절 하나 훌쩍 떠났다

클로버

행운을 바라는
목마른 꿈들 때문에
세 잎 클로버의 행복지수는
늘 제로섬에 갇혀 있다

힘들었던 삶의 모든 부분을
돌연변이 기형의 사지가 채우리라
네 잎의 클로버만이
기대치를 넘는 갈망의 별이니

순간의 어긋난 선택으로
무심히 짓밟아버리는 세 잎 속에
가득한 행복들은
당신의 관심 밖에서 맴돌 수밖에

꽃들의 몸부림

생각보다 맑게 차오르는 것들이
향기 색소 비린내에 버물려
미열로 불면의 밤을 보내고 있다

색깔 하나로 느낌마저
붙들어 매는 샐비어
불사르는 것도 없는 불꽃의 존재에
신음 소리도 없이 한 낮은 신음하고 있다

꿀도 향기도 없이
꽃잎도 없는 꽃 바깥에서
푸르던 날의 두근거림으로 꽃 밥을 흔들어
바람으로 꽃가루를 나르는 풍매화

번식을 위한 너의 짝짓기에
귀 오름으로도 귀동냥하지 못한
진리의 말씀이 몸짓마다 가득 차 있다

그 따사로운 햇살 때문에

습관적으로 서둘러
오는 듯한 빛의 입자와
강을 거스르던 물의 입자가
황금의 빛깔로 충돌하려는 순간이다

숲 사이 빈 길에서
또 하나의 계절이 눈빛으로 얘기하며
가고 있다는 예감 이전에
성급하게 서해 바다를 넘은
황사의 공중분해가 자해는 아니다

빛 속에 침묵으로
은비늘 떼로 일어서는 은사시 잎들에서
원시의 나신으로 흔들리는
내 마음을 굳이 감추려는 의도는 없다

방전의 의도 없이도
거리낌 없는 햇살의 미소
반나절 감전된 지구의 매력 속으로
비우면서 채워지는 시심이 눈떴다

수련

떠나려는 시간
그 일상의 낡은 주름 사이로
튕겨나가고 싶다는 네 안의 지순한 살 냄새가
가벼워진 허름한 가슴을 뒤집었다

오수에 비틀거리던 풀잎향기 위로
향수를 풀어내는 노란 어리 연
바람은 반쯤 눈감은 사랑의 옹알이로
묵상에 든 붓다 말씀을 전했다

반짝이는 말씀은
붉다 못해 희어지는 진흙 속 전설
숱한 날밤 은밀하게 부풀리던
프로메테우스의 불씨는 보송한 솜털을
오월의 연지위에 조심스레 털어낸다

이 시간 취하게 하는 것이
너의 고요였음을 느끼며
흘리고 가는 하늘 주워 담는 가난한 시심으로
붉은 속내까지 쪽박으로 퍼 담았다

장마

얇은 망사저고리
빗물에 젖고 있다
우산이라도 있었다면
치마 끝만 내주었을 걸
우산 없어 젖은 어깨에서부터
습기 찬 밀어가 우물거렸다
그늘을 끼고 사는 우울한 삶이나
숨차게 오늘을 달리는
세찬 바람 같은 삶 앞에도
그는 빈손을 내밀어
많은 것을 거두어 가려하고 있다
시 분 초를 멈추게 하는
느린 발걸음에도 속수무책
마음의 잔주름만 포개고 포개며
바라보고 있어야 하는
사람들의 잔인한 계절이다

가을 단상

값없이 눈으로 불러온
저산 색깔에
사람 가슴 다 타겠다
붉은 떡갈나무
키 세우는 산허리에 떠나지 못해
가을의 중턱에서 팔락이며
목숨을 구걸하는 푸른 잎새들
무리무리 까치발로 서성여도
눈길 한번 주지 않고
풍선처럼 가벼워져 있는 사람들에게
앙상한 가슴 내보이며
초조해 하고 있다
온기 없어도 타는 불꽃은
메마른 눈빛 따라 바람 없는 날에도
스스로 하산하고 있으니
건성으로 보내는 나날이면서
버리고 비우지 못하던 사람의 마음이
보이는 것이 보이지 않는
저 잎들의 입질 앞에서
감성의 무게로 흔들리잖아

낙엽은

삶과 죽음의
갈림길에서 보여주는
견고한 말씀의 엽서다
한 없이 높아가는 하늘 아래
스스로 잘 살았다고
온몸을 불태우고도
따순 겨울을 보내고픈
또 다른 기대 하나로
힘겹게 햇살을 빨아들인다
허기져 더 이상 머물 수 없는
바람개비 도는 가을 길에서
그대는 현기증 나는 몸짓으로
어둠을 향한 막연한 도피로
급 돌아치는데 그것이
머물 시간에 굶주린 슬픈 눈빛 같아
우수수 낙엽 터는 소리에
삶의 고뇌와 희망이 교차하고 있다

제3부

궤도이탈

추석을 보내며

저 밝은 달 때문에
스트레스가 세운 가시
실핏줄까지 다 보이잖아

물먹은 솜이불 된 몸
질식사 하려는지

섬세한 세포사이를
은밀하게 누비며
생명의 뿌리를 흔들고 있다

체념으로 받아들여
가슴 닫고 살아야 했던 일상
마음이 달보다 더 붉게 하혈하잖아

스트레스 너는
부서지기 직전의 유리 구두
'저놈의 보름달을 어찌 하리'
배꼽아래 단전이 겁 없이 풀릴 때
구름이 달을 덮고 정답인 듯 흐르네

동그라미

사각의 대문을 열면
현관문도 네모지고
네모난 벽 한 쪽을 차지한
신발장도 사각이다

네모진 천장 아래
사각의 거실마루
사방무늬 탁자위에 수첩도 네모다

벽에 걸린 액자에서
창틀이나 옷장까지
칸칸이 사각 방의 침대까지 네모난
우리네 삶을 가득채운 네모나고 모난 것들

그 모난 것들을
사각의 PC안에 펴 담으며
쳇바퀴 도는 생각만 동그랗다

언어 · 2

옛말에
목구멍이 포도청이라 했다
목구멍의 때를 씻으려
도끼자루 하나씩
차고 왔다는 붓다의 말씀

나 아닌 남의 가슴
파란 날로 도려내는
솔 라 시 도 레 미 파
밟을 음계도 없이 높아가는 목소리

왼 귀로 들어온 소리
오른 귀로 보내라고 둘을 주었건만
메마른 마음에 함부로 튀는 공이
생이지지 하는구나

정치

사람 사는 동네에는
빛 들지 않는 축축한 지하에서
죽도록 일하고도
하루하루 사는 것이 상처뿐인

팔수만 있다면 남은 인생마저 팔고 싶은
나날이 이름 없이 흔들리는 사람들이 있다

혀 하나만 부드럽게 잘 굴리면
도덕 선생을 가장 웃기는 존재로 돌려세우고
먹고 먹어도 배부르지 않은 광기로

제 몸의 가시를 스스로 뽑지도 못하는
마음 여린 영혼들 위에 빛으로 군림하는
식상하는 몰염치도 있다

손에 물 묻히지 않고 부자를 잉태하는
위선으로 잘 포장된 인간의 탐욕은
비판의 입만으론 서러움만 양산하는 그것이 정치란다
어쩌면 허락받은 현대판 노예 제도는 아닌지?

I M F

낙엽이
굽은 바람의 등을 타고
산을 내려와 순식간에 집 토담을 넘었을 때는
안마당 오동잎이 노랑 물에 얼룩지고
풍성한 몸 더 부풀리며
가을은 황금을 자랑했었다
한마당 별신굿 잔치를 위해
남발된 부도수표로 길을 잃어버린 잎들은
왼 종일 억새가 비질해도
어지러운 발자국
가을바람은 천리만리 밖으로
슬픈 조국의 소문을 퍼 날랐다
소문 하나 요란하게
부풀리다 끝난 잔치 집에 캉드쉬가 초청되고
또 누구누구를 불러보지만
거미줄 치는 수심에 걸려드는 시름이
가슴속 수액을 말리고
터진 옷으로 드러난 맨살에는
너나없이 겨울그림자 짙게 드리우고 있었다

수도꼭지

그가 세상에
존재 하는 것은
맑은 세상과 목마름을 위함이다

감전이라도 된 듯
초차 없이 손끝을 읽는
그에게는 명령어가 필요하지 않다

원하는 갈증만큼
차가운 속내를 뽑아주며
순종만이 미덕으로
분수 밖의 것을 탐내지 않는 로봇이다

우리 갈증의 해소가
너의 헌신에 있었음을
그 깨달음이 너무 늦었다 생각되는 아침에

버려진 바퀴

길 아닌 길은
달리지도 못했건만
세상 외로움 홀로 지닌 채
버려진 모습이 흉측하다

지친 저녁을 걷는
등 굽은 할머니를
해탈도 자존도 아닌
흐린 눈빛 속에 퍼 담으며

멈춰진 시간을
움켜잡은 작은 공간에서
세상 노여움 녹아든 먼지만 삼키는데

시도 때도 없이
생산하던 황금바람이
고독에 버무려지는 도시의 끝
쓸쓸히 홀로 절망을 씹고 있다

터널

아득하던 날에
펄펄 끓던 가슴이 차갑게 식어
여기 푸름이 자라나는
지극한 모정으로 앉았다

편리를 추구하는
사람들의 머리 굴리기에
어머니의 심장 먼저 구멍 뚫리고

아무도
귀 기울이지 않는 울음 소리
오가는 차바퀴 소리에 달라붙어
웅 웅 아픈 가슴을 저며 내고 있다

태풍

지나는 발길을
거스르는 인위가 노여워서
타협 없는 질주로
대로하는
태풍 에위니아 그는 위풍당당하다

천둥 번개 앞세우고
장마를 동반해온 수마
사람들은
어제보다 어둔 밤을
두려움에 떨었다

휘청거리는 가난의
뼈까지 긁고 긁어
내던져진 삶의 밑바닥은
삭막이 위태롭게 부풀려져서

마르지 못하는 슬픔이
길 아닌 길을 헤매일 때
흔들리는 그들의 하늘은
흙탕물에 잠겨 굴러다녔다

날파리

집안을 날아다니는
날파리 몇 마리
살아 있는 모든 것을 사랑하겠다던
아름다웠던 날들의 다짐은

꿈틀거리는 것이 징그럽다는
본능 앞에 가볍게 무너져 내렸다

반사 신경의 전달은
완곡한 직선으로 불에 덴 듯
작은 미물에게 손이 날아갔을 뿐

그것뿐이다

어제의 따뜻함을 잊어버리고
싸늘하게 식어
까무러진 벌레 앞에서도
이미 살생 후의 죄책감 같은 건 없다
보상도 책임도 주어지지 않는
작은 죽음에 대해서
아무도 의의를 말하지 않았다

송편

누구의 지혜로?

햅쌀에 깨 고명 넣어
손자국 꼭 찍어 빚은 송편
향긋한 솔잎 냄새
입안에 가두면
혀끝으로 전해지는
만추의 맛
추석에나 맛보던
달콤하고 고소한 고것이
변하는 세월 따라
원하면 먹을 수 있는 먹거리로
주파수를 맞추고
익은 세월의 손맛으로
자리매김 하고 있다

인력 시장

어제 보내고 돌아서면
다시 뜨는 새벽별
흐린 불빛에 기댄
여윈 어깨 위로
허옇게 눈뜬 달이 사납다
아직도 세상에 엮이지 못하고
묶이는 방법을
모르는 체 시작하는
치열한 삶의 무대
길을 찾는 곳에
길이 술래 되어 꼭꼭 숨어 있어도
그래도 하루치의 먹이를
구해야 하는 새벽시장은
한 쪽 모퉁이가 허전한 사람들의
하루치 희망이 맴도는 거리다

몇 %의

이 땅에 살면서 만났던
몇 %의 우리 여인이 견본으로
'내숭에 겉치레에 맹신은 어떠 하고'

용서하지 않으려는
단호함을 꺼내 보이며
아무렇지도 않게 뱉어내는
이국 여인들의 어눌한 입놀림으로
그네들의 아름다움이 퇴색되고 있다

쓰린 기억들 웃음으로 씻어내고
힘들어 가슴 저며도
바람을 키워가며 살아가는
이 땅 누이들의 뿌리째 뽑힌 자존이
미녀들과 함께 라는 프로에서
비웃음의 홍수에 휩쓸려 가는데

핏줄의 상처를 핥으며
낄낄거리는 몇 % 우리네 남자들
노랑머리 우월감만 가득 찬 화면을 벗어나며

누굴 향한 뜻도 모를 아픔을 앓은 것이
불과 3년 전인데

"한국 화장품 아주 좋아요"
"이제 우리나라 가서 살 수 없을 것 같아요"
"한국 남자 좋아요"
이국의 여인들 참으로 많이 변했다
스스로 버리지 않아도
부분 부분이 지워지던 우리네 삶이 우뚝 서 있다

늘 엿보는 눈이 있다

닫힌 승용차 안에서
반짝이는 관심을
유리창 밖으로 펴내는 눈이 있다
3월 새벽의 작은 도시
모텔이 있는 뒷골목에서
몰래 사람의 눈을 피하여
재빠르게 골목을 빠져나가는
한 중년의 아주머니를
시간의 틈새로 지켜보는
반짝이는 눈이 있다
바람을 일으키는
헝클어진 머릿결과
허름한 옷깃의 틈새로
바람이 들락거리는 듯
치마 자락이 팔락거렸다
조심스레 두 팔로 감싸 안은
그녀의 두려움은
새벽의 회색속내에
약간 드러나고 있을 뿐
바람은 꽃 향보다 더 비릿한

냄새를 풍겼다
이제껏 무료함을 견디고 있던
엷은 햇살의 프리즘에
설익은 시간을
금박 입히는 미진사이로
저를 지켜보는 눈이 있다

통일 바람

아직도 안개 속의
통일이여 바람이여
줄 대 같은 울음 눌리며
서러운 가슴 태우던 숱한 날들
어둠으로도 지워지지 않는
그 오랜 기다림에서 환한 빛으로 오시오
심상치 않은 세계의 공기에서
부대껴온 나날들의 방황에서
반세기 넘어 외면하며
앓아온 병명이 고작 이념이라니요
세포마다 곤두 세워
수천만의 염원을 비상시켜도
아직 완치되지 못한 난치병입니다
누구라도 좋으니 잘려 있는
우리허리 치료 좀 해줘요
지뢰밭 흙 속에서 하나로 섞여
나누고 더불어 살며 홀로 빈 숲 지키는
민통선안의 나무들을 바라보며
늦었다고 생각될 때가
가장 빠르다는 그 말 다시 생각하게 하는 아침입니다

아직도 너와 나로 우리 되지 못하는
메마른 이산의 그 세월을 돌아보면
똥 묻은 개 재 묻은 개 나무라는 격으로
밀어내지 못한 서로의 허물만
둥근 보름달 되어 남과 북의 하늘에 떠 있네요

칠천원짜리 족쇄

그 칠천원이
평생 내 마음의 잔가지를
묶어주는 족쇄가 되었다

첫아이 가져 처음 시댁에 왔을 때
"먹고 싶은 것 사 먹거래이"
아버님 몰래 꼬깃꼬깃 꾸겨진 칠천원
손에 쥐어주시던 어머님

아이들 자라 어른 되고
그때 어머님 연세보다
한 10년쯤은 앞질러 가는 나이에
고부간 갈등이란 거 싹트려 하면
그 칠천원이 독버섯을 뭉개는 족쇄였다

"뜨시게 잘 먹었다"
은근하게 우려낸 멸치육수에
새우 약간 풀어 끓인 김칫국
국 한 그릇에 저렇게 만족하시는 어머님

깊숙하게도 썩고 있는 세상
그 칠천원에
동그라미 몇 개가 더 달린다 해도
발목 잡을 족쇄는 아닐 거란 예감이다

선거는 바람

미풍 순풍 광풍은 보았지만
눈으로는 확인 할 길 없는
정풍 박풍 추풍은
인간의 머리에서 불어치는 돌개바람이다

모두 지나가는 바람이지만
풍마다 걸려 있는 조직의 운명
정, 박, 추풍의 거센 힘겨루기에
온 나라가 따라 회오리치고 있다

침묵은 돈 없어도 취할 수 있는
금보다 값진 보석인데
어이없는 입의 실수로 광풍에 비틀거리는 정풍

칼바람보다 더 거센 등 돌리고 가는 어르신 입심은
이미 돌이킬 수 없는 쪽으로 불어치고
추풍은 봄바람에 졸고 있다
가난했던 보릿고개를 부드러운 미소로 되돌리며
민심을 불 지피려는 박풍 공주님
뿌연 안개 속 국가 정풍의 기세가 추락하고 있다

낙산은 화마를 부르나

화의 화요일
낙산은 또 화마를 부르고
네 번 집 잃은 낙산사 부처님은
일찌감치 열반에 드셨다

벌겋게 웃는 화마 사교리를 덮치더니
뜬눈으로 밤새던 금풍리 솔숲까지
난리 아닌 난장터다

선채로 악다문
마른 대나무숲 지나 비부장지대로
어둠에서 화마는 더 발광하고 있다
푸른 공포로 하얗게 타야 하는 고성사람들

어쩌나

양양의 눈물을 바라보고 있어야 하는
천리 밖 가슴들이
천근 잿더미에 가위눌리려는데
하늘 먼저 연기에 질식하는지 묵묵부답이다

황금 미소

— 금계국

6월의 한 자락을
흔들어 대는 너는
나의 정서의 심지를
불 지피는 비타민이다
그다지 예쁠 것도 없는
허기진 춘곤기의 작은 얼굴들이
'저 좀 봐 주세요'
줄줄이 군락을 이루고
한마디도 알아들을 수 없는
속 소리를 바람에 부풀리며
가라앉은 감성을 건드렸다
금방 무슨 일이라도 일어날 것 같은
노란 시야
살래살래 뒤집어 놓은 세상
민심 먼저 술렁거리고 있었다

제4부

길 뒤의 길

소록도 바람 소리

초겨울 공기가
머뭇거리는 버스 승강장
갈잎끼리 부딪쳐도 불을 품는 잎새 사이
달리는 차창밖에 잊고 있던 모습 하나

소록도 바람 소리다
"바다는 우리 눈물이고 바람 소리 우리 한숨아이가"
무심이 파도치는 그 낯설음에
전율은 무릎사이 빠르게 떨고 일어섰다

이유 있는 차별에 가시 세우던
적의 가득한 그 얼굴보다
삭아버린 코가
더 큰 아픔이 되는 낯설은 얼굴

먹지도 못할 연시감 코끝에 달고
침묵을 털어내는 이지러진 초상화
말갛게 잊고 있는 작은 도시에
슬픔 하나 보태러 거리에 나왔을까?

과분수로 커진 고독을 뒤척이며
뭉그러진 조막손에
잡히는 것은 절망뿐
바람마저 저를 피해 담벼락에 부서졌다

남이섬에 간 외기러기

현대 속의 옛 여인
'몇 번이나 죽으려 했지만 까만 눈이 가로 막아 차마 그럴 수 없었다'
그녀 젖은 목소리가
미처 끝맺지 못한 속말을
흐린 눈빛에 담아
멀리 대숲에 던지고 있었다
마음에 남겨진 사랑도
독이 되는 과거
'떠난 사랑일랑 돌아보지 마'
뿌리째 흔들리는 가슴을 치는 죽비
고만 고만한 기러기들
허전한 어깨위로 도둑처럼
슬며시 다가오는 외로움이 싫었으리
이 밤 남이섬 물새 되어
가두었던 슬픔을 다 풀어버려도
베갯잇은 또 얼마나 적셔질까

소백산에서

그 곳에는
소낙비를 예고하는 비구름이
하늘을 긁어낼 발톱을 세우고 있다

묻지도 않은 말을 푸른 미소로 쏟아내는
산 뒤에 산이 있어도 서로 닿지 못하는

웅크린 등짝이 자리 할 뿐

작은 나무들 키 재기하는 푸른 고요 속
부석사 무량수전 배흘림기둥에는
낡은 세월이 허리를 펴고 있다

산을 가슴으로 담아야 비로소 산다운 산이 보이는
바람의 느낌으로 바라보던 정상에서

박달나무 소나무 또 상수리
무성한 잎만으로
더 높이 산의 키를 키우며
스스로의 깨달음을 얻어내고 있다

월영교의 밤안개

'당신 떠나시면 나는 어찌 살아요, 꿈속에서라도 당신 만나 뵈었으면 해요'
400년 전 미라부인의 애절한 사부곡이다

미투리 가닥마다
서러움 베여 있는 그녀 머리칼
이승에서 못 다한 인연이
희부연 월영교 밤안개에 서리는데

하루를 가로지르던 산 그림자가
교각등 흐린 불빛 따라
물속으로 떨어지고
불나방이 떼 지어 잠들지 못하는
그녀 혼불처럼 흩날렸다

몇 세기 저 쪽의 서늘한 등짝에서
바람에 부풀리는
비릿한 물냄새에 실려와
신열 끓는 거기 붉은 강물에
백로 한 마리 배회하다 떠났다

우포늪에서

이른 9월의 어느 날
우포는 가시연 생이가래 물 마름이
앞 다투어 녹색 물길을 열었다
땅인지 물인지 구별할 수 없는 길디 긴 진창에서
깍도요 해오라기 수줍은 숨결이 소쩍 소리에스며
돌아오는 물소리에 새겨지고 있었다
물풀이 깔아놓은 끝 보이지 않는 녹색 융단을
마주하고선 순간에야 일억 사천만년을
넘어오는 신열을 가슴에서 쓸어내렸지
억년의 나이를 헛먹어서
마냥 수줍기만 한 처녀지
축축함 밑으로 흐르는 푸른 밀담은
줄 것 주고 다 받아들이려는 자세였다
반몸 지긋이 늪에 담근 채
원시의 숨결로 하늘을 부르는
부들 창포 매자기의 민감함이 살아나고
돌아오는 가을바람에 어깨춤사위를 펴는
끝 보이지 않는 은 백의 억새를
노을이 금빛 옷 입히는 생소함에 아직 여행의
먼지도 털지 못한 내 마음이 빨려들고 있었던 게야

낙동강

그대 삶은 시작부터
선택의 여지없는 먼 여행길
투명한 몸부림으로 길 떠나지요

등 떠밀지 않아도
시차 없이 채워지는
당신의 길은
젖은 몸에 김 오르는
새벽 눈매 하나 일품이지요

쇠똥을 시주하던
황부자의 이야기를
순수의 전설로 펴 나르며
태백에서 을숙도로 가는 길목마다

버드나무 억새에
비 오리가 뒤척이고
모래톱 습지에는 설렘을
부여안은 황조롱이
버들매치부리로 시를 쪼고 있어요

그 모습 그냥 그대로면 영원 할 것을
늘 사람의 손끝을 타는
그대 야위려는 모습을 두고

허전한 산바람이
갈 숲에서 수런거리는 메시지
힘센 바람에 숨어 울어도
살갑게 돌아보지는 말라 하네요

봉정사 늙은 나무들

나무들이 와 일어섰다
거꾸로 사는 몸짓의 의미를
읽으라고 했다
갑자기 낯설어지는 풍경에서
모두 정상이 아니나 이상 또한 아니다
물구나무 선 가랑이 사이를
비켜가는 긴 뱀 꼬리 길이
부처님 말씀에 풀물 들이며
봉정사 뜰 안에
또 다른 에너지를 공급하고 있다
내 너 할 것 없이
겨드랑이에 썩은 땀냄새 풍기며
그래도 대자비에 목을 거는 중생심을
마당 안에 빼곡하니 들어앉은
천등산 하늘이 무심히
먹구름 낀 깍지를 풀며 지켜보고 있다
칭얼거리는 목어의
꼬리로 해독되어지는
바람은 지금 휴식중이다
극락전 앞 접시꽃이

옛 것 속 새 것으로
다가오는 의미에 중심이 쏠려 있다
무거운 침묵을 번쩍 들었다 내려놓아도
조금도 부끄럽지 않은 절집
이삭처럼 매달려
용트림 하는 용마루에
봉황은 영산암 늙은 소나무 위로
금방이라도 날아오를 듯
물구나무 어미의 더 먼 아비들의
살 깎이던 아픔을 몸 안에 가두고 있다

청남대에서

흘러간 시간을
끌어당기며
그림자 지는 슬픈 무늬
자맥질하던 음모가
고요속에 숨 죽이고
베일에 가린 아름다움으로
우우 일어서고 있다
언제인가 그 때
민심 모두 돌아서고 있었지
귀 막고 눈 막아
나 하나만의 벽을 쌓고 쌓아
늘 바람 앞의
촛불로 깜박이던
독재의 그 잔재가
시들지도 잠들지도 못하는
무겁고 어두웠던
역사의 굽은 등에 멈춰 서서
우리를 바라보고 있다
뿌리내리는 이 기나긴 침묵을
바람아 너는 깰 수 있는가?

밀양 영남루에서

700리
물길을 열어도
물소리만으로 건져 낼 수 없는
아랑의 외로운 넋
흐르면서 만들어낸 물길을 타고
따끈한 녹차 한 잔에
세상을 타 마시는
나그네 마음이
사유(思惟)의 바다 되는 낙동강 하류
물먹은 백일홍은
석화 마당에 뿌리내리고
노을빛 등에 진 일주문으로
바람이 들락거리며
속 끓이고 있다

신천에서

— 대구

역류로 되돌아 나가는
금호강물 자락에
짝짓기 하고 있는 오리
'에구 마누라 죽이네'
암컷의 머리를 쪼아
물속에 박아 넣는 숫컷을 보며
한 할머니가 소리쳤다
원숭이 얼굴 닮은 팬지꽃 옆으로
새벽바람 속을 한가롭게 걸어가던 사람들이
까르르 웃었다
한 발 먼저 지나간 사람들이
행운의 네잎 클로버를
뒤지다 간 자리에 짓밟힌 잎새들이
잃어지는 양심을 보라는 듯
오그라진 몸으로 이슬에 젖고 있다
개나리꽃 진 잎새 사이로
바람이 들락거리고 작은 회오리
이유도 모르는 흙 한 줌을 배달했다

백담사

그곳은
숨죽인 기다림만으로
존재의 의미를 역설하려는
세월이 접혀 있다

허공을 움켜쥔 석두들의
등짝 허전한 숨은 뜻을 모르는 채
누가 돌에게 무심이라 말하나
계류가 거품을 품으며 산을 깨웠다

건너 산이 지탱하던 산 무게
호수 속에 부리면
불심을 재촉하듯 부처는 물속에 서 있지만
아무도 이유를 묻는 이 없다

대신 입동 지난 봄바람이
목어 입으로 흥얼거리는 법문에
전설된 어느 고위층의 이야기가
성찬 뒤의 공허로 떠돌고 있었다

일출

하늘 가장
가까운 시베리아 상공
기내에서
이글거리는 해를
맞았을 때나
예약 없이 투숙한
무안의 어느 해변
선풍기도 고장 난
낡은 여관방
창틀에서
더위 먹은 가슴으로
저를 안았을 때도
그는 낯설지 않은
맑은 오로라로
어두운 바닷물에
날개를 털고 있었다

길이 없어

길이 없다 길이 없어……
아무리 찾아도 길이 보이잖아

살았으나
결코 산목숨이 아닌
저린 어머니 가슴에서
빠져나오는 긴 탄식 소리다

두 손으로 더듬더듬
긴 터널
텅 빈 어둠에서의 막연한 도피

온종일 찾아 홀로 헤매어도
어머니의 세상은 이미 사라지고 없다

내 작은 두 눈만으로
세상을 무상으로 소유하고 있는데

한 송이의 꽃 한 조각의 밝음도
어머니에게 나눠 줄 수 없는 서러움이
이 저녁 침묵 속에 그림자 지고 있다

산속에서 길 잃고

무심한 해는 서산에 지고
어둠에 묻히고 만 어둠의 울타리
웃자란 잡초 속으로 사라진
어머님의 길은 보이지 않았다
두려움이 신열로 번지는 팔순의 얇은 어깨 위로
삶의 욕구에 비례하듯 엉겅퀴는 달라붙었다
어둔 밤이 풀어놓은 검은 숲들의 그물에 삶과 죽음 사이를 오르내릴 때
별들의 입김은 너무 먼 곳에서 퍼덕였다
모범 답안이 없는 어머님의 하늘은
세상을 거꾸로 바라보는 나무들
생가지 부러지듯 쉽게 쓰러졌다
이제껏 어머님 키보다 더 크게 키워오던
무거운 염원을 내려놓아도
살쾡이 나무 갉는 소리에
살아온 시간보다 더 많이 불러보았다는
옴마니반매훔
막막하던 사흘 낮 밤
당신 홀로 산속의 무료 숙박은
단 한번에도 지나쳤던 삶의 체험이란다

안개 낀 새벽

흔적의 한 획을 지우고
오 계장이 떠났다

하루의 무게치가
물먹은 솜처럼 무거운데
그 사람 남겼다는 한마디 말로
종일 가슴은 안개 낀 새벽이다

머릿속을 유영하는
생각의 미꾸리
물안개 속에 유연하게 잠수하나
그대 지나간 하늘은 한치 앞을 모르게
뿌옇게 비어가고

모든 사라지는 것들 뒤에서
이제는 슬픔을 걸러내는 저울질에
익숙해질 나이에도
위태롭게 비워져 물기에 젖고 있다

길 뒤의 길

오늘 생각하고
내일은 번뇌하며 가지만
늘 시간이 도둑 해 가는 세월
한 쪽만을 바라보고 가야하는
길 뒤의 길은 쓸쓸하다

가난이 부끄러워도
녹슬지 않을 굽지 않은 못을 박아
익숙하지 않아도 서로 아파하며 걸어온
길 뒤의 길이 왠지 쓸쓸하다

자주 오지 않는 차를
마음 죄며 기다리 듯 입 다물고 살아도
스스로 뽑지 못하는 가시를 지닌
길 뒤의 길이 쓸쓸하다

텅 빈 하루를 내려놓으니
형형색색 홀로 설움 타던
상한 자존심이 하나씩 별똥으로 떨어질 때
길 뒤의 길은 정말 쓸쓸했다

머리로 가는 시간 여행

겨울이 오래 머무는
그 동네에 가면
짧은 겨울해도 지루해진다
다른 사람의 발길이 닿을 수 없는
산 높고 골 깊은 그곳에서
이따금 나 홀로 산색에 취하리라
지나온 날들의 낡은 거리에서
조심스레 보폭을 내딛으면
겨울을 밀어내려는 봄비가
촉촉하게 틈새를 비집고 스며들고
눈앞의 세상은 하얗게 지워지고 있다
잠시 숨 돌리는 그날의 간이역에
버리지 못한 욕심을 내리면
나 솜털처럼 가볍게 날 수 있을까?

사랑하는 안동

빈 공간을 가득 채운
티 없는 하늘을 사랑하며
맑은 물가를 일없이 배회하는
얇은 바람이 향기롭다

이황 유성룡 방경 육사
나라 걱정에 한숨 쉬던
발자국에 목말라 하며
별신굿 차전놀이 놋다리에 빠져보라

한국 정신문화의 수도
지붕 없는 박물관
다 기억 할 수도 없는
평범하지 않는 유산들이
하나하나 별로 떠서 반짝이리

흙 묻은 손끝에 그을린 얼굴
황소고집을 공유하려는
이 동네 순수한 사람들을 사랑하고 싶다

짧아진 산 그림자
속빈 다리로 숨겨주는 늙은 나무 아래
하루를 지나가던 지친 해가
노랗게 젖은 눈망울 굴리는 강을 사랑한다

소리 소문 없이 뼈 속까지
점령당한 마음을 두고
안동이란 동네는 아직도 부족이라며
이중 삼중 사랑받을 울타리를 치고 있다

경천대

낙강과 동강이
한 몸으로 상큼한 물 냄새
솔 향에 버무리며 가고 있다
이 아름다운 길을 누가
강에게 일러주었나?
송화 가루 넘실대는 물 따라
강가의 오동나무 꽃잎파리
보라 빛 화사한 미소로
닫힌 마음 문을 두드렸다
용소마다 살짝 구부린 어깨를
머뭇거리다 떠나는 강은
가야하는 발길을 결코 잊지 않았다
신의 섭리로 박제된 듯
허공 여백을 가로질러
비린 냄새를 풍기는
외발의 물새가 서 있다
매운 아카시아 향에 떠밀려
어제 맞은 봄비를
벌써 잊고 있는 수초위로
하늘이 낮게 내려오고

습한 비구름이 빈 의자를 점령했다
얼어붙은 밤길을 가로지른
실바람 그네 타는 소리
홀기 소리로 들려올 때면
우리들 결핍으로 스며들던
세상시름의 행방이 묘연해진다

* 경천대 : 경북 상주지방에 있는 촬영장.

지하철 안의 스케치

옆 좌석의 남자가
왼쪽 검지손가락으로
콧구멍을 후비고 있다
자꾸 후벼 파고 있다
푹 눌러쓴 벙거지 밑으로
꾸겨지는 체면을
콧구멍 깊숙하게 쳐 넣고 있다
한 젊은이의 코고는 소리가
벌집을 드나들 뿐
사람들은 아무 말 없이
생각을 가슴 안에 가두고 있다
콧구멍 아저씨의
고독한 옆자리를 향해
두 여자가 몰려가고
바람 스며든 스커트 자락에
고요가 부서져 내렸다
비틀거리며 한 남자가 올라오자
시궁창 냄새가 따라 온다
저리가
하수도가 막힌 듯한

껄끄러운 소리에
여자들이 놀라 밀려가고 있다
잃을 것도 없는 사람들이
얻을 것도 없는 오기로
시퍼렇게 날을 세우니 금세라도
불꽃이 튈 것 같은 예감이다
이미 예정된 싸움의 시작은
불안을 위태롭게 스케치하고 있다
오랜 노숙에 길들여진 사람들이
꿈의 끈을 놓아버린
씁쓸한 삶의 조각들은
지하철 안에 휴지처럼 흩날렸다

양의 해 아침을 열며

한국 정신문화의 수도
안동
시조(市鳥)는 까치요 은행은 시목(市木)
얼음장 뚫어내는 시화(市花)는 매화다

아침에 까치가 울면
반가운 손님이 온다는 반짝이는 말씀 하나
희망은 늘 까치의 입에 물려 있었다

시간의 진액을 나이테로 모아
나라의 위기마다 두꺼운 표피를 긴장시키고
꺼이꺼이 울더라는 용계의 은행나무

만나고 맞이할 때는 축복이라며
시목으로 볼모 잡힌
전설이 천년으로 흐르고

매운 매향으로
추웠던 날들에 빗장 지르고
잎보다 꽃 먼저 벙글어
시린 마디의 상처를 아우르는 매화
정신을 축여주는 맑은 샘물이다

나의 허리

어머님 다리 다치고
안아 일으키다
고압선에 감전된 듯
다친 내 허리
2번 뼈가 짜브라졌네요
나의 허리는
우리 집을 지탱하는 허리다
넘어지던 순간의 노란 하늘이
우리 집 하늘을 노랗게 물들였다
밤새 쑤시던 육신의 아픔보다
더 서럽던 골격의 손상은
칼에 베인 공포로
침묵 속에 숨는데
그런 아픔으로도
여보, 미안해…… 말 한마디만으로
쉽게 갚아지는 천냥 빚
삶의 질긴 한 끝에서
양 볼을 타고 흐르는 눈물은
바닷물에 녹아드는 소금기처럼
입술에 닿으니 찝찔하다

눈물 · 1

잃어진 것이
아쉽고 애석하여
기다림을 놓아버렸네
지금은 모든 것이 부질없다는
잠든 아킬레스를 건드린 죄로
막다른 길목의 막막함에서
지금 상심한 슬픔이
가슴에서 추락하려하네
다친 마음 어루만지고
당신의 미소 곁에서만
맴돌기를 원하는 마음
통째로 다 열어주어도
거짓은 통하지 않는
아름다운 가슴만
빚어낼 수 있는 진주다

눈물 · 2

천국에 가면 없는 이름이요
저승에는
부재꼿말이 붙은 이름이다

비록 설움 타는 가슴이라도
오지 말라고
내게는 오지 말라고
사람마다 빗장 걸고 거부해도

깊은 어둠에서부터
심지를 흔드는 너는
젖은 투명 날개 하나로
세상 웃음을 덮어버린다

서러운 자아가
하나 되는 여정에서
무슨 사연이 서로를 적시고
아픔의 가람을 섭렵하는가?

눈의 눈물

이제는 끝내려 하는
순결이네요
세상으로 밀려나는
그대 눈물이 아니에요
둥근 것엔 둥근 모양
별난 것은 별난 데로
어느 낮은 산자락
주인모르는 쌍무덤위에도
아득한 화두를 지고
그대는 오지요
몸이 녹아야 하는
거역할 수 없는 운명에도
새로운 시작에 훨훨
흥분하는 저 순수
탐심과 성냄을 모르는
때 묻지 않은 청정자리에서
그대가 어찌 더러움의 실체를 알까요

당신의 향기

알아도 모른 척
아파도 아닌 척
눈물 젖은 거름을 먹어도
바닥 드러내지 않는 위태로운 꽃

따뜻한 가슴으로
내어주는 어깨 아래
시간을 되살리는 환한 미소는
가장 쓸쓸한 등 뒤로 퍼져가는 향이다

보이는 것도 없지만
가장 높은 곳에서
당신의 향기는 자기를 죽이며 향기로워지고

처방전을 거부하는
세상굴레 속에서
목마름도 희망으로 키워주는 당신의 향기는
젖은 마음이어야 느껴볼 수 있다

만물의 영장

산과 들의 소나무를
재선충이
고사시키고 있다는
개운치 않은 소식이다
하늘소가 원충이라니
채집하던 동심을 어쩌나
포항 지나 영덕
경주에서 안동으로 재빠르게 입성하는
나무의 에이즈
다만 방제를 위한 혼자 발 동동 굴릴 나무의
소리는 들리지 않았다
살충제에
죄 없는 미생물이 죽어갔을 뿐이다
서로가 서로의 분신이었을
윤회는 보이지 않고
사람 아닌 미생물까지
보존해야 하는 인간은
이 아름다운 땅에서
만물의 영장이라 자칭하며
자연인 양 자연을 거스르고 있다

▌시집 평설

변용과 전경화의 미학

박 진 환

(문학평론가 · 文學博士)

■ 시집 평설

변용과 전경화의 미학

박 진 환
(문학평론가 · 文學博士)

1. 전제

시집『그대가 어느새』는 첫 시집『생각이 틈새를 엿본다』에 이어 내놓은 김현옥 시인의 두 번째 시집이 된다. 첫 시집 이후 10여년 만에 시집으로 보여준 시는 확실히 첫 시집보다 시의 높이를 한 차원 이끌어 올린 것이 틀림없는 것 같다. 그것은 시의 질만이 아니고 질을 이끌어 올릴 수 있는 현대 시법의 충실이 거둔 시적 성과로 보여진다.

등단 후 초기 시를 묶은 첫 시집『생각이 틈새를 엿본다』가 다분히 관념과 정서 유희의 한계를 극복하지 못했다면 이번 시집『그대가 어느새』는 관념이나 정서를 형상으로 재구성해냄으로써 자신의 시를 한차원 이끌어 올려 주고 있는데 이는 김현옥 시인이 초기 시와는 달리 현대시법에서 시를 출발시켜 주고 있음을 말해주는 것이 된다.

주지하다시피 현대시법이란 여러 시 창작 경로로 제시 될 수 있겠지만 그 중에서도 대표적인 것이 변용을 통한 낯설게 쓰기, 자유 연상의 풍부한 상상력을 동원, 형상으로 재구성 해 주는 형상화 작업, 그리고 낯설게 쓰기와 함께 자동 전달의 고정화한 관념을 차단함으로써 타성을 극복해 주는 비친숙화의 전경화 등이 될 것으로 본다.

김현옥 시인이 상재한 이번 시집 『그대가 어느새』는 이런 시법들을 빌어 자신의 시에 실천하고 있다고 보여지는데 그 때문에 시적 위상이 한 차원 높아질 수밖에 없었던 것으로 보여진다.

김현옥 시인이 자신의 시에 실천, 질적 높이를 실현할 수 있었던 시법 변용은 비단 현대시에서만 즐겨 쓰는 시법은 아니지만 기존·기성의 것이 환기시키는 친숙성의 자동전달을 비친숙성의 것으로 개조해냄으로써 낯설게 쓰기를 성립시키는 현대시법의 대표적인 것이기도 하다.

또 형상화 작업은 현대적 기획이라는 의도적 제작술을 빌었을 때만이 가능한 일종의 입체화 작업으로서 시를 시간예술에서 공간예술로 이동시킨 예술 전반에 걸친 기법이라고 할 수 있다.

시인이 언어로 형상화 하고자 했던 것이 정서나 관념 따위의 정신적이고도 내면적인 것이었을 때 이를 사물이나 존재를 빌어 형상으로 재구성함으로써 입체화, 공간예술로 개조해내는 작업이 형상화 작업이라는 것은 익히 알고 있는 바이기도 하다.

그리고 전경화는 러시아 형식주의자들의 전매특허품으로 현대시에서 즐겨 쓰는 시법의 하나다. 시적 대상이 자동으로 환기 시키는 자동전달의 것들을 의도적을 차단, 의외적이고도 당돌한 동떨어진 것들을 동원, 일종의 원인적 비유를 성립시켜주는 시법의 하나다.

시인이 대상으로 선택한 본디의 것을 의도적으로 후경으로 감춰 은폐시키는 대신, 본디의 것을 드러내기에 알맞은 등가물, 곧 객관적상관물을 발견, 전면에 배치함으로써 새로운 모습을 창출해내는 기술로서 이러한 일련의 시법들은 예외없이 의도화되고, 기도된, 현대적 기획에서 비롯된 시의 기술로서의 시법이란 것도 다 알고 있는 점이다.

김현옥 시인의 시에 현대시법의 원용과 이의 실천을 통한 시적 위상의 확보는 뭐니뭐니 해도 두 번째 시집을 현대적 기획에서 출발시킨 결과로 받아들일 수 있게 한다. 시를 제시, 이를 밝혔을 때 시집 『그대가 어느새』의 본태는 극명하게 드러날 것으로 여겨진다.

2. 변용과 낯설게 쓰기

변용은 모습 바꾸기가 되고 모습을 바꾸면 낯설게가 필연화한다. 고로 변용은 곧 낯설게가 된다. 그리고 이는 친숙성의 것이 비친숙성의 것으로 개조되는 경우가 되는데 그 때문에 고정화 된 것이 새로운 것으로 탄생하게 된다. 이른바 창조의 원리쯤이 되는 변용과 낯설게 쓰기는 그 때문에 현대시법을 대표하는 한 방법이 된다.

일찍이 로랑 롤랑이 피력했던 '태양이 없을 때, 그것을 창조하는 것이 예술가의 역할이다'에서 볼 수 있듯이 창조란 기존·기성의 것보다 새로운 것을 만들어 냈음을 의미한다. 그리고 이러한 창조적 역할을 수행했을 때만 시인이란 이름으로 불리우게 된다.

변용이란 친숙의 것을 비친숙의 것으로 개조해냄으로써 새로움으로 탄생하게 하는 시법쯤이 되고 이는 달리 새로이 태어나게 하기 위해서 동떨어지고 의외의 것을 발견, 성립시키는 원인적 비유쯤이 된다.

김현숙 시인의 이번 시집 『그대가 어느새』는 바로 변용의 시법으로 대표될 만큼 시적 대상을 왜곡하기도 하고 날조하기도 하며 위장과 은폐의 수단을 빌어 이를 재구성해주고 있는데 시를 제시했을 때 이해를 도울 것으로 본다.

가) 소낙비를 예고하는 비구름이
하늘을 긁어낼 발톱을 세우고 있다

묻지도 않은 말을 푸른 미소로 쏟아내는
산 뒤에 산이 있어도 서로 닿지 못하는

웅크린 등짝이 자리 할 뿐

작은 나무들 키 제기하는 푸른 고요 속
부석사 무량수전 배흘림기둥에는
낡은 세월이 허리를 펴고 있다

산을 가슴으로 담아야 비로소 산다운 산이 보이는
바람의 느낌으로 바라보던 정상에서

박달나무 소나무 또 상수리
무성한 잎만으로
더 높이 산의 키를 키우며
스스로의 깨달음을 얻어내고 있다.

나) 마당 안에 빼곡하니 들어앉은
천등산 하늘이 무심히
먹구름 낀 깍지를 풀며 지켜보고 있다
칭얼거리는 목어의
꼬리로 해독되어지는
바람은 지금 휴식중이다
극락전 앞 접시꽃이
옛 것 속 새 것으로
다가오는 의미에 중심이 쏠려 있다
무거운 침묵을 번쩍 들었다 내려놓아도
조금도 부끄럽지 않은 절집
이삭처럼 매달려
용트림 하는 용마루에
봉황은 영산암 늙은 소나무 위로
금방이라도 날아오를 듯
물구나무 어미의 더 먼 아비들의
살 깎이던 아픔을 몸 안에 가두고 있다

다) 짧아진 산 그림자
속빈 다리로 숨겨주는 늙은 나무 아래
하루를 지나가던 지친 해가
노랗게 젖은 눈망울 굴리는 강을 사랑한다

소리 소문 없이 뼈 속까지
점령당한 마음을 두고
안동이란 동네는 아직도 부족이라며
이중 삼중 사랑받을 울타리를 치고 있다

예시 가)는 「소백산에서」 의 전문이고, 나)는 「봉정사의 늙은 나무들」 의 일부, 그리고 다)는 「사랑하는 안동」 의 5연과 종연이다.

예시 가)에서의 시행 '소낙비를 예고하는 비구름이/ 하늘을 긁어낼 발톱을 세우고 있다' 나, '부석사 무량수전 배흘림기둥에는/ 낡은 세월이 허리를 펴고 있다'나, '무성한 잎만으로/ 더 높이 산의 키를 키우며/ 스스로의 깨달음을 얻어내고 있다' 등에서 볼 수 있듯이 사실을 있는 그대로의 기성의 것에서 새로운 형상으로 비틀어 짜거나 왜곡·날조·위장하여 새로운 모습으로 태어나게 하는 변용의 솜씨에 의탁함으로써 낯설게 개조해내고 있다.

시가 사실의 기록이 아닌 '사실 이상의 기록', '사실로써는 드러낼 수 없는 기록', '사실에서는 체험할 수 없는 새로운 감동을 체험하게 하는 기록'이라는 점에서 보면 이러한 변용의 솜씨는 매우 만족할만한 '사실 이상의 기록'이 되어줌으로써 변용에 값하게 되고, 이와 함께 새로움으로 탄생하는 낯설음의 미학이 성립되게 된다.

예시 나)는 봉정사 뜰에 우뚝 서 있는 늙은 나무를 형상으로 재구성해내주고 있는네 시행에서 볼 수 있듯이 있는 그대로 진술된 것이 하나도 없다. 어떤 것은 비틀어 짜고 어떤 것은 날조되고 또 어떤 것은 위장되어 있다. 이는 예시 나)도 기존·기성의 것을 새로운 모습으로 개조해냄으로써 변용에 값하고 있음을 말해주는 것이 된다.

예시 다)도 예외는 아니다. '사랑하는 안동'은 시인의 부군이 안동시장으로 재직하고 있는 곳이어서 단순한 외지로서의 가숙지가 아니고 시민을 사랑하는 부군과 함께 안동을 사랑하는 사람이 될 수밖에 없게 된다. 그런데도 안동을 사랑한다는 직설적 진술은 한 군데도 없다. 다만 '하루를 지나가던 지친 해가/ 노랗게 젖은 눈망울 굴리는 강을 사랑한다'고 우회적 · 간접적 애정표시를 하고 있다. 안동 사랑이란 진실을 메타포로 위장했거나 왜곡시킨 경우가 된다는 뜻이다. 그런가하면 '안동이란 동네는 아직도 부족이라며/이중 삼중 사랑받을 울타리를 치고 있다'고 애정의 결핍을 전경화 함으로써 안동 사랑에 '점령당한 마음'을 간접화하고 있다.

예시 역시 사실을 왜곡 · 날조 · 위장 · 은폐함으로써 변용에 값하고 낯설게 쓰기라는 시법의 실천을 시로써 보여주고 있는데 예시 가), 나)와 함께 현대 시법에의 충실을 보여준 것이 된다.

3. 자유 연상의 상상력과 형상화 작업

현대적 기획이란 현대 시법은 내면적이고도 정신적인 것을 그에 상응하는 등가물을 발견, 형상으로 재구성해냄으써 형상화 작업을 성립시킨다. 여기에서 작업이란 어떤 목적과 계획을 세우고 이를 실천하기 위해서 기술을 동원, 감행하는 일을 의미한다. 시적으로 풀면 내면적이고도 정신적인 무형의 것에 형상을 부여, 새로운 사물이나 존재로 현현한다 쯤이 된다. 그리고 이러한 작업은 의도적으로 기획되고 이루어진다는 점에서 현대적 기획으로0 불리우고 있다.

시의 경우 정서나 관념 따위를 그에 상응하는 객관적 상관물을 발견, 형상으로 빚어내는 형상화 작업쯤이 되는데 필연적으로 형상으로 드러내기 위한 객관적 상관물이 개입함으로써 상상력의 개입이 요구되고 개입에 의한 이미지의 재

생이 다시 요구된다. 여기에서 끝나지 않고 이미지나 이미지를 결합시키는 비유가 성립되고 그렇게 해서 시적 회자의 성과인 통합적이고도 마술적인 효용이 발현되기에 이른다. 이른바 통합적 감수성이라고 하는 엘리엇에 의해 제기된 시법이 성립된다는 뜻이다.

역시 시를 제시했을 때 이 부분에 대한 이해도 도울 것으로 본다.

가) 죽기보다
대낮을 싫어하는
야행성
하늘 지킴이를
이빨도 없는
할머니가 한입 베어 먹고
나뭇가지에 걸어두었다

나) 꽃실이란 믿음에
달콤한 침묵으로
빗장 지르고 살았네
사랑의 미열로 태우던
모래알 시간들은
열린 미다스의 문안에서
길과 길이 손잡고
길들어지는 삶이라네
홀로서기 하는 자식들은
생살의 아픔으로 떠나가고
빈 껍질로 남겨지는
존재의 상실감은
편두통이 오듯

고비마다 삶에 생채기 졌네
돌아서는 것을 모르고
말뚝 박히는 나날들을
그래도 부끄럽지 않게
버팀목 하는 것은
못 본 척 안 들은 척
넉넉한 마음가짐 뿐이었네

다) 긴 장마로 살아나는 것은 가슴속 우수였다
사람 살아가는 길목마다
이별은 그림자처럼 따라 다니며
물보다 진한 것은 피라는 사실을 일깨워주었다
등짝만 쳐다봐도 따뜻해지는 아들 내외와
아직 '할마' 소리도 어눌한 준이를
영종도 공항에서 영국으로 보내며
짧은 이별연습에 내가 무너지고 있었다
사람 사는 삶의 길에
더 빛나는 길은 언제 끝나는 길인가?
미지의 여정에 첫발을 내디디며
너희의 흔들림은 승화되고 있다
한통화의 부름이면 내쳐오던 지척이
모질게 돌아서고 있음을
돌아오는 차창에서 온몸을 부대끼며
흐느끼는 여우비를 보고 알았다
이마로 글을 쓰며 지우려는 우수는
터진 둑이라 착각하는지
마음속에 느끼는 비만으로도
눈가에 홍수가 범람했었다

예시 가)는 「그믐달」 전문이고, 나는 「가시버시의 사랑」, 다)는 「아들을 연수 보내며」의 각각 전문이다. 예시

들 중 가)는 사물을, 나)는 관념을, 다)는 정서를 진술한 것으로서 가)가 사물이 환기시키는 자유 연상의 상상력이 동원한 이미지를 결구력인 객관적상관물을 발견, 결구시켜 구상화했다면 나)는 부부간의 애정과 애정으로 함께 해온 인생 편력을, 그리고 다)는 자식 내외를 해외로 유학 보내면서 별리의 아픔을 노래한 정서 표출이다.

문제는 그것이 사물이었건, 관념이었건, 정서였건, 이를 진술하는 방법이 과학적 진술과는 동떨어진다는 점이다. 바꾸어 말하면 과학의 진술과는 거꾸로 환정적 진술에 의탁되고 있다는 뜻인데 이는 달리 사실을 왜곡・날조・위장・은폐하는 자유 연상의 상상력을 빌어 재구성했다는 뜻이 된다.

그 때문에 이미지가 동원되고 이미지와 이미지를 결합시킴으로써 사물은 그 본디의 모습이 변형되고, 관념이나 정서는 사물이나 존재로 형상화 될 수밖에 없었다는 뜻이 되고 이렇게 함으로써 사르트르가 피력했던 시는 사물로 쓴다는 현대시법에 충실했던 것이 된다.

예시 가)에서의 '이빨도 없는 /할머니가 한입 베어 먹고/나뭇가지에 걸어두었다'는 변형이 그러하고, 나)에서의 가시버시란 부부에의 사랑의 길이 길들여진 관념의 진술을 극복, 형상으로 재구성됨으로써 현대시법에의 충실을, 그리고 다)에서의 이별이 환기시키는 관습적 정서를 이미지로 개조해 냄으로써 역시 형상미학의 시법에의 충실을 잘 보여주고 있는 것이 그것이다.

4. 자동 전달의 차단과 전경화

변용 · 형상화 작업과 함께 현대시의 시법을 대표하는 것이 전경화다. 작업이란 말을 꼬리에 달아도 좋은 전경화 작업도 일종의 의도적 제작이다. 왜냐하면 자동 전달이라는 고정관념을 의도적으로 차단, 비친숙성의 것으로 개조해 내는 시법의 현대적 기획의 일환이기 때문이다. 역시 시를 제시했을 때 이해를 도울 것으로 본다.

가) 당신은 가끔
맨살로 맨땅을
헤딩하는 아픔으로 찾아와
삶과 죽음의 경계를
위험하게 섭렵했다

마치 바닥없는 우물에서
하늘이 조각나는 세상고통을 지니고
홀로 살아 꿈틀대는 햄릿처럼

가라앉은 영혼만
들락거리는 창밖에
끝없는 화두로 거머쥐고 있는 세계
시간은 가만히 숨죽이고 있다

어둠과 추위로
그물망 쳐진
휘청거리는 이 터널
누구 라이트라도 좀 켜 주시오

나) 거세게 타오르나
에로스의 불꽃은
금방 사그라질 검은 재다
비상하는 입술마다
푸른 독기가 물리고
삼킬 듯한 목마름으로
검붉은 혀가 귀와 귀 사이를
들락대는 사이
부풀려진 사연은 날개를 달고
굽은 소문은 알록달록
인간의 말초신경을 위하여
흑인지 백인지 모르는
갈등을 부추기며
광풍 속으로 휘말려간다
세상에서 가장 작은 소리로
자기를 불사르는 에로스
그대 몸은 타고 있다
외발로 기어도 타오르는 불이여

다) 겨울이 오래 머무는
ㄱ. 동네에 가면
짧은 겨울해도 지루해진다
다른 사람의 발길이 닿을 수 없는
산 높고 골 깊은 그곳에서
이따금 나 홀로 산색에 취하리라
지나온 날들의 낡은 거리에서
조심스레 보폭을 내딛으면
겨울을 밀어내려는 봄비가
촉촉하게 틈새를 비집고 스며들고
눈앞의 세상은 하얗게 지워지고 있다
잠시 숨 돌리는 그날의 간이역에

버리지 못한 욕심을 내리면
나 솜털처럼 가볍게 날 수 있을까?

예시 가)는 「고독」의 전문, 나는 「숯·10」의 전문, 다)는 「머리로 가는 시간 여행」의 각각 전문이다,

가)는 외로움이라는 정시가 환기시키는 '고독'감을, 나)는 부제가 '소문'을 달고 있어 '숯'과는 전혀 무관한 듯 하나 소문에 붙은 불 같은 뜨거움과 이를 연소시키는 '숯'과의 관계를 메타포를 통해 하나는 후경에, 다른 하나는 전면에 진열하는 형식을 취하고 있는 시다. 그리고 다)는 '머리로 가는 시간 여행'이라는 정신 지향의 궤적을 역시 안과 밖에 달리 진열시키고 있는 전경화 작업의 산물로 읽어야 할 것으로 본다.

예시 가)에서의 「고독」이 환기시키는 고정화한 친숙성은 외로움, 눈물, 한숨, 탄식과 같은 정서적 동류항의 진열이다. 헌데도 예시에서는 '고독'과는 전혀 무관한 것들로 진술되고 있다. 이는 밖에 드러낸 것 뒤에 '고독'이란 정서를 감춰 후경에 배치했음을 의미한다.

예시 나)에서의 '숯'도 타는 숯으로 외양을 담당하게 하고, 그 뒤에는 '소문'을 감추고 있어 의도적으로 소문에 연계되는 자동 맥락을 끊어놓고 있다. 여기에서 숯과 소문은 각기 전경과 후경을 담당하는 이중의 지시랄까, 중층묘사를 성립시키게 되어 상징과 함께 전경화를 성립시키게 된다.

예시 다)도 본디 시인이 형상화 하고자 한 것은 이마로 걷는 부부의 편력 쯤이 되는데 이를 후경에 감추고 전면에 예시에서 볼 수 있듯이 의외의 세계를 제시, 전경화 해놓고 있다.

이 또한 예시 가)나, 나)와 똑 같은 전경화 시법의 맥락에 잇대어 있음을 말해주고 있는 것이 된다.

5. 결어

이상 조명해 본 김현옥 시인의 두 번째 시집『그대가 어느 새』에 대한 견해는 보기에 따라, 읽기에 따라 각기 다른 평가역이나 평가치를 설정할 수도 있고 척도할 수도 있다. 왜냐하면 시집에 수록된 시편들을 통해 '가시버시의 사랑'을 중심에 둘 수도 있고, 안동이라는 제2의 삶의 공간과 연계시켜 해석할 수도 있으며, 또 달리는 시인의 사상이나 감정을 통한 발상적 근저에서 시적 성과를 건져낼 수도 있을 것이기 때문이다.

그러나 본고에서는 시의 내용이 아닌, 시에 담고 있는 것들을 시인은 어떻게 드러내려고 했고, 또 드러냈느냐하는 시법으로 조명하고자 했다. 그 때문에 레토릭을 선행시킬 수밖에 없었고, 또 그래야만 온당한 평가치를 빌어 시의 성과에 값할 것으로 믿었기 때문이었다. 결론적으로 시집『그대가 어느새』는 현대 시법에 충실이 거둔 변용과 전경화의 미학을 자신의 시로써 실천했다는 점을 시의 성과로 제시할 수 있을 것으로 본다.

•

김현옥 시인은 경북 군위 출신으로 서울의 대종학교에서 교직에 종사했다. 덕성여대 교육원에서 문예창작을 4년간 수료하고 방송대 국어국문학과를 졸업했다. 사이버 대학에서 사회복지학사 학위를 받았으며, 특히 "한국정신문화의 수도 안동"을 조금이라도 이해하고자 안동독립기념관 제1기 "독립운동 해설사 과정"을 수료했고, 안동예절학교 국가 공인 실천예절지도사 과정을 이수하고 있다. 1994년 월간 『조선문학』에 시가 당선되어 문단에 나왔으며 현재 조선문학문인회, 안동문인협회, 국제펜클럽한국본부 회원이다. 시집에 『생각은 틈새를 엿본다』, 『그대가 어느새』가 있다.

•

조선문학시인선 • 275

그대가 어느새

2010년 6월 20일 인쇄
2010년 6월 25일 발행

지은이 / 김현옥
발행인 / 박진환
펴낸곳 / 조선문학사
등록번호 / 1-2733
주소 • 110-092 서울 서대문구 홍제2동 96-4
대표전화 / 730-2255
팩스 / 723-9373

ISBN 89-93614-34-3

정가 8,000원